AF460578

NOTICE

DE

LIVRES

Anciens et Modernes

OUVRAGES A GRAVURES, RELIURES ANCIENNES

ET DE

TABLEAUX

par ou d'après

BACKUYSEN, BRAUWER, E. DELACROIX, H. VERNET, etc.

OBJETS DE CURIOSITÉ, BIJOUX, ARGENTERIE

DONT LA VENTE AURA LIEU

HOTEL DROUOT, SALLE N° 3

Le Samedi 2 Mai 1903, à deux heures

PAR LE MINISTÈRE DE

Me Léon TUAL, *Commissaire-Priseur*

à Paris, 56, rue de la Victoire

ASSISTÉ DE

POUR LES LIVRES

M. DUREL, *Libraire*

21, rue de l'Ancienne-Comédie

POUR LES TABLEAUX ET OBJETS D'ART

M. G. MEUSNIER, *Expert*

à Paris, 27, rue Saint-Augustin

EXPOSITION PUBLIQUE

Le Jour de la Vente, de 1 heure à 2 heures

CONDITIONS DE LA VENTE

La vente sera faite au comptant.

Les acquéreurs paieront *dix pour cent* en sus des prix d'adjudication.

L'exposition mettant le public à même de se rendre compte de l'état et de la nature des objets, il ne sera admis aucune réclamation l'adjudication prononcée.

NOTICE

DE

LIVRES ANCIENS

RARES

à Gravures et à belles Reliures

ET AUTRES MODERNES

1. **Histoire du Monde**, par PLINE, MDLXVI. 2 volumes.

2. **Traité des Expressions des Passions de l'âme**, par LEBRUN, 1728, nombreuses figures.

3. **L'Art de convertir le cuivre rouge en laiton,** par CALON, MDCCLXIV.

4. **Perspective de Peinture et d'Architecture,** par André POZZO, MDCXCIII, belles gravures.

5. **Château de Weissenstein,** par Salomon KLEINER, MDCCXXXIII.

6. **Fêtes à l'occasion du mariage de Madame Louise Élisabeth de France,** MDCCXL, belles gravures.

7. **Tableau historique de la Révolution française 1789,** nombreuses figures.

8. **Voyage de Sa Majesté Britannique en Hollande,** MDCXCII, figures.

9. **L'Art de bâtir**, par RONDELET, 1860, 6 volumes, 2 atlas.

10. **Fêtes données pour la ville de Paris, à l'occasion du mariage du Dauphin,** MDCCXLV, maroquin rouge, très belles gravures.

11. **Iconographie de Saint-Pierre de Rome et du Vatican,** MDCLXXXIII, gravures.

12. **Livre d'Architecture,** dessiné par BUILDINGS, avec ornements de James GILLES, MDCCXXXIX, belles gravures.

13. **Fêtes données au roi par la ville de Strasbourg**, par WESS, MDCCXLIV, reliure maroquin rouge, belles gravures.

14. **L'Art militaire à cheval**, par J.-J. de BALLHAUSEN, MDCXXI, gravures.

15. **L'Art de monter à cheval**, par de PLUVINEL, MDCLXX, maroquin rouge.

16. **Poésies Hollandaises**, par Bernardus de BOSCH, MDCCLVIII, maroquin rouge.

17. **Les coutumes du Royaume de France**, MDVII, gothique, belle reliure.

18. **Théâtre d'Honneur et Chevalerie**, par André FAVYN, MDCXX, 2 volumes, belle reliure.

19. **Rubens et l'École d'Anvers**, par Alfred MICHIELS, 1854.

20. **Abécédaire de flore**, ou le **Langage des fleurs**, par DELACHÉNAYE, 1811, gravures coloriées.

21. **Parfait Maréchal**, par de GARSAULT, 1797.

22. **Églises d'Angleterre et d'Allemagne,** belles lithographies.

23. **Les Provinciales**, par Louis de MONTALTE (Pascal), reliure parchemin, MDCLVII.

24. **Le Paysan perverti**, par RESTIF DE LA BRETONNE, MDCCLXXXVI, 2 volumes, figures.

25. **Dictionnaire héraldique,** MDCCLXXVII.

26. **Les Œuvres de Gresset,** 1794, 2 volumes, figures.

27. **Essai sur les grands événements par les petites causes**, MDCCLX.

28. **Les Artistes contemporains**, par LENORMANT, 1833, 2 volumes avec gravures.

29. **Album manuscrit**, 1778, maroquin rouge.

30. **Œuvres de Pétrus Possinus,** de la Société de Jésus, MDCLVIII, belle reliure de l'époque.

31. **Les Œuvres de Théophile**, MDCLXII.

32. **Les Grands Peintres Hollandais**, par Jacob CAMPO WEYERMANN, MDCCXXIX, 3 volumes, belles gravures.

33. **Œuvres de Jean Belot,** traité de chiromancie.

34. **Les inconnues,** par le marquis de FOUDRAS.

35. **Art de l'homme d'Épée**, par GUILLET, MDCLXXVIII.

36. **Histoires des plus illustres favoris**, par feu Monsieur, MDLX.

37. **Les secrets et merveilles de la nature,** par WICKER, MDCXCIX.

38. **Principes d'architecture,** FÉLIBIEN, MDCXC, gravures.

39. **Art di correger la Vita humana,** Venise, 1583, maroquin rouge ancien.

40. **Les antiquités de Paris,** par Gilles CORROZET, 1586.

41. **Les antiquités de Paris**, par Pierre BONFOUS, MDCVIII.

42. **Traité contre l'amour des Parures**, MDCCLXXIX.

43. **Poésies**, de M. MALLEVILLE, MDCLIX.

44. **Les saisons**, poème traduit de l'anglais, de THOMPSON, gravures d'EISEN.

45. **Les Contes et Discours**, d'EUTRAPEL de la HÉRISSAIE, 1598.

46. **Les Visions**, de PASQUILLE, 1547, belle reliure.

47. **Histoire Macaronique**, de MERLIN COCAIÉ, MDCVI, 2 volumes.

48. **La Vie et les Opinions de Tristam Shandy**, traduit de l'anglais, de STERN, MDCCLXXVIII, 3 volumes.

49. **L'Art de la Verrerie**, par HAUDICQUER de BLANCOURT, MDCCXVIII, 2 volumes.

50. **Vies des Peintres**, par FÉLIBIEN, MDCCV, 5 volumes.

51. **Geographicale Dictionary The World**, 1792, maroquin rouge de l'époque.

52. **Aventure de Télémaque,** en gravures, par MONNET, peintre du Roi, 1773.

53. **Histoire de Louis XI,** par MATHIEW, MDCX.

54. **Merveilles de la Nature,** par René FRANÇOIS, MDCXLIV.

55. **Les Secrets du Révérend,** Seigneur Alexis PIÉMONTAIS, 1500.

56. **L'Eloge de la Folie,** par ÉRASMES, traduit par GUEUDEVILLE, MDCCXXXI, figures.

57. **Perdu dans les glaces,** par Léon RENARD, 1892.

58. **Le Compère Mathieu à Blois l'An II,** 2 volumes.

59. **Dictionnaire de toutes les chasses, An III de la République.**

60. **Itinéraire pittoresque,** par G.-F. GÉRARD, 73 gravures.

61. **Types et Caractères anciens,** par FRAGONARD, 1841, gravures.

62. **Architecture**, par Jean-Jacob SCULLER, 1728.

63. **Les Étapes de Gutenberg**, par Louis LERICHE, 1889.

64. **Jean Gutenberg**, par DINGELSTED, 1858.

65. **L'Art de Bâtir**, par Léonce REYNAUD, 1860-1863, 2 volumes.

66. **Monuments élevés à la mémoire des Empereurs**, par Antonio BOMER, de la Société de Jésus, MDCCXXV, quantité de gravures.

67. **Almanach Royal**, MDCCLXXIII, reliure de l'époque.

68. **Les Moteurs légers**, H. de GRAFFIGNY, 1899.

69. **Catalogue de Tableaux**, de SECRÉTAN, 1889.

70. **Emblèmes**, OTHOVENIUS, 1683, gravures.

71. **Cours d'aquarelle**, par Eugène CICÉRI, gravures.

72. **Discours prononcés à l'académie Royale**

de peinture de Londres, par M. Josué REYNOLDS, 1787, 2 volumes.

73. **Essai sur l'origine de la gravure, en bois et en taille, et sur la connaissance des Estampes**, par JANSEN, 1808, 2 volumes, gravures.

74. **Dictionnaire des arts de peinture, sculpture et gravure**, par M. WATELET, 1792, 5 volumes.

75. **Description du Cabinet de feu M. le Baron V. Denon**, 1826, tableaux, avec prix des ventes.

76. **Les Délices du goût,** poésies manuscrites, dédiées à Mlle Chenu, par M. CHEVALIER, 1776, avec gravures coloriées.

77. **Recueil de farces**, par P.-L. JACOB, 1859.

78. **Traité des diamants et des perles,** par David JEFFRIES, joaillier, MDCCLIII.

79. **L'Art d'imiter les pierres précieuses**, par M. FONTANIEU, MDCCLXXVIII.

80. **Manuel complet du jardinier**, par Louis NOISETTE, 1835, 4 volumes.

81. **Lettres choisies de Madame de Sévigné**, 1817, 2 volumes.

82. **Description du cabinet de feu M. le Baron V. Denon**, 1826, monuments avec prix des ventes.

83. **Catalogue de Denon**, 1826.

84. **Dictionnaire des ouvrages anonymes**, par E. de MANNE, 1862.

85. **Cours de Mécanique**, par M. Pascal DULOS, 1885, 2 volumes.

86. **Guide du Verrier**, avec figures, par G. BONTEMPS, 1868.

87. **Études sur le Vinaigre**, par L.-M. PASTEUR, 1868.

88. **La vie du temps des cours d'amour**, par Antony MÉRAY, chez Claudin, MDCCCLXXVI, épuisé.

89. **Collection de mémoires relatifs à la physique**, par la Société Française de Physique, 1885.

90. **Théorie des effets du jeu de billard**, par G. CORIOLIS, 1835.

91. **Procédés et Matériaux de construction,** par A. DEBAUVE, 1894, 4 volumes.

92. **La Lumière électrique, son histoire, sa production, son emploi,** par E.-M. ALGLAVE et J. BOULARD, 1882.

93. **Théorie mécanique de la chaleur, avec ses applications aux machines,** par le docteur G. ZEUNER, 1869.

94. **La fabrication des briques et des tuiles,** par MM. BONNEVILLE, A. JAUNEZ, PAUL, SALVATAT, etc., 1865.

95. **Le son**, par John TYNDALL, 1869.

96. **Traité de chimie technologique et industrielle**, par Fr. KNAPP, 1870, 2 volumes.

97. **Comédies de Térence en latin à Heidelberg**, 1587, très belle reliure.

98. **Ancien et nouveau Testament hollandais,**

avec gravures, par Jean LUIKEN, à Amsterdam, MDCCXXIX.

99. **Boutique de menuiserie,** par de PAS, 1642.

100. **Histoire de Louis IX (saint Louis),** par Claude MÉNARD, chez Sébastien CRAMOISY, MDCXVII.

101. **Essai de philosophie naturelle et de thermo-chimie**, par DELAURIER, 1883.

102. **Isocratis orectionis e epistolæ**, MDCXXI, très belle reliure du temps.

103. **Géographie botanique**, de CONDOLLE, 2 volumes brochés, 1855.

104. **Traité des ombres et reflets,** de CLINCHAMP, 1825.

105. **Génie du Christianisme**, par CHATEAUBRIANT.

106. **Ouvrage curieux ancien,** de Jérôme CARDAN.

107. **Réflexions militaires,** par le prince de HOHENLOHE-BURTENSTEREIN, 1818.

108. **Mémoires de M. le marquis de Feuquière**, MDCCXLI.

109. **Traité des pierres gravées antiques**, MDXXXVII, deuxième volume.

110. **Traité de construction des instruments de mathématiques**, MDCCXXV.

111. **Les grandes usines de Turgan**, par PICHOT et GRANGIER, 1888.

112. **Guide pratique de composition**, par Théotiste LEFÈVRE, 1855.

113. **Les trois apprentis de la rue de la Lune**, par G. MONTORGUEIL.

114. **Les fables de Lafontaine illustrées**, d'Eugène LAMBERT.

115. **Les églises d'Espagne**, par Luis PRIMERA, MDCCXXV, très belle reliure en maroquin rouge.

116. **Traité élémentaire de spectroscopie**, par Georges SALET, 1888.

117. **La Lumière électrique**, par ALGLAVE et BOULARD.

118. **Poésies**, d'Alexis PIRON, 1879.

119. **Cours de mécanique**, de Pascal DULOS.

120. **Cours d'astronomie**, de FAYE, 2 volumes, 1881.

121. **Cinématique**, par REULEAUX, 2 volumes.

122. **Œuvres de Bernardin de Saint-Pierre**, par Aimé MARTIN, 2 volumes, 1836.

123. **Petites misères de la vie conjugale,** par BALZAC, broché.

Quantité de volumes en lots.

TABLEAUX

1 ÉCOLE MODERNE. **Une jardinière.**

2 BACKUYSEN. **Barques de pêcheurs par la houle.**

3 ALÉRAN. **Une belle espagnole.**

4 C. VALADON. **Marie Lagrèze**, chanteuse du théâtre royal de Bruxelles.

5 H. VERNET, (attribué). **Ali, pacha de Janina.**

6 VALÉRO. **Marine.**

7 Id. Id.

8 ÉCOLE FRANÇAISE, du 18me siète. **Portrait de jeune femme.**

9 ÉTIENNET. **Des fleurs.**

10 Un dessin. **Ornement.**

11 MOUCHERON (Genre de). **Paysage.**

12 Id. Id. Id.

13 Ecole moderne. **Paysage**

14 CHARMAIS. **Paysage.**

15 E. DELACROIX, attribué. **Un cavalier turc.**

16 ÉCOLE de REMBRANDT. **Un musicien.**

17 C. VALADON. **Nature morte.**

18 Ecole moderne. **Dessus de porte.**

19 GUILLIN. **Tableau de fleurs,** école lyonnaise.

20 Id. Id. Id.

21 MULLER. **Nature morte.**

22 BRAUWER. **Des fumeurs.**

23 BONNEAU. **Chat et poules.**

24 FOREZ. **Nymphe des eaux.**

25 BERTRAND. **Portrait de femme.**

26 Élise DOWENÉ. **Scène d'intérieur.**

27 MOUCHERON (Attribué à). **Paysage.**

28 Id. Id. Id.

29 **Belle étude de femme.**

30 GÉRARD (Gaston). **Une Italienne.**

31 ÉCOLE MODERNE. **Vénitienne.**

Curiosités dont une **ancienne bague d'archevêque avec beau grenat.**

Une paire de boucles d'oreilles avec brillant, argenterie, une ancienne **boîte en émail. Une paire de pistolet Louis XIV,** garnie en argent et autres objets.

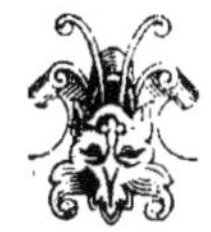

Paris. — Imp. WATELET et VIGOT, 18, rue d'Odessa.

www.ingramcontent.com/pod-product-compliance
Ingram Content Group UK Ltd.
Pitfield, Milton Keynes, MK11 3LW, UK
UKHW020541180726
13839UKWH00006B/2645

9 782329 500157